Instrukcje dotyczące korzystania z rozszerzonej rzeczywistości

Pozwólmy rozszerzonej rzeczywistości zmienić, w jaki sposób czytasz książkę.

Z wykorzystaniem smartfona, iPada lub tabletu możesz używać aplikacji Hasmark AR, aby wywołać doświadczenie rozszerzonej rzeczywistości i dosłownie czytać poza treścią książki.

1. Pobierz aplikację Hasmark ze sklepu Apple App Store lub Google Play.

2. Uruchom aplikację i wybierz opcję (vue).

3. Nakieruj obiektyw na pełny obraz z logo i ciesz się doświadczeniem rozszerzonej rzeczywistości.

4. Spróbuj teraz używając logo Hasmark Publishing International.

Hasmark
PUBLISHING
INTERNATIONAL

REKOMENDACJE

„Ta książka jest niesamowicie potężna! To bardzo rzadko spotkać autora, który nie tylko wyjaśnia sztukę wyznaczania celów i jak spełnić swoje najśmielsze marzenia, ale także udowadnia to, opowiadając swoją historię i sposób, w jaki wyznaczył swoje własne cele i zrealizował je nawet ponad oczekiwania.

Dziękujemy Rossowi Garci za naprawdę inspirującą książkę!"

Gisele Maxwell PhD, Międzynarodowa autorka bestsellerów „Free and Rich Beyond Wealthy".

„Gorąco polecam The Profit Express każdemu, kto boryka się z próbą zrozumienia swojego prawdziwego celu czy kierunku w życiu. Po przeczytaniu, jak Ross był w stanie stworzyć swoje własne sukcesy, korzystając z pomysłów Napoleona Hilla, Boba Proctora i innych.

Ja wchodzę na pokład Profit Express!"„Ta książka naprawdę pokazuje siłę pozytywnego myślenia i wiary w siebie."

Judy O'Beirn Prezes Hasmark Wydawnictwa Międzynarodowego

THE PROFIT EXPRESS

KLUCZ DO SUKCESU.

Autor

Ross Garcia

Hasmark
PUBLISHING
INTERNATIONAL

Redaktor: Brad Green brad@hasmarkpublishing.com
Projekt okładki: Anne Karklins anne@hasmarkpublishing.com
Układ wnętrza: Amit Dey amit@hasmarkpublishing.com

ISBN 13: 978-1-77482-268-5 (miękka oprawa)
ISBN 10: 1-77482-268-7

Z dedykacją dla mojej mamy,
Ninfa Garcia Cantú

PODZIĘKOWANIA

Chciałbym wyrazić szczere podziękowania dla następujących osób: Mojej mamie i tacie, za prowadzenie mnie przez życie i zawsze bycie przy mnie, niezależnie od okoliczności.

Bobowi Proctorowi, za jego wpływ na dziedzinę rozwoju osobistego. Bob nauczył mnie korzystania z umysłu, a co najważniejsze, wierzył we mnie.

Tiffany T. Cole. Bez jej pracy ta książka nie byłaby możliwa.

Moim czytelnikom, za poświęcenie swojego czasu. Mam nadzieję, że będziecie cieszyć się „The Profit Express". Podróż, którą właśnie rozpoczynacie, będzie ekscytująca i satysfakcjonująca, pod warunkiem że podejmiecie poważne działania i będziecie się ich trzymać.

Wszystkim moim prawdziwym przyjaciołom (wiecie, kim jesteście), którzy musieli mieć ze mną do czynienia podczas dobrych i złych chwil, i którzy przyczynili się do mojego życia w pozytywny sposób.

I w końcu chciałbym podziękować wszystkim, którzy wierzą w idee wyrażone w tej książce, ponieważ bez was wszystkich „The Profit Express" nie byłby możliwy. W trakcie mojego osobistego procesu wzrostu, przez który przechodziłem (i chcę ci pomóc przejść), nie zawsze łatwo jest wierzyć w swoje marzenia. Wiem – przeszedłem tę ścieżkę wątpliwości i strachu, które stały na mojej drodze. Ale przeszedłem przez to, i chcę, żebyś wiedział, że jeśli to było możliwe dla mnie, to też jest możliwe dla ciebie. Ciesz się czytaniem o tym, co nauczyłem się wzdłuż mojej ścieżki do sukcesu.

SPIS TREŚCI

Podziękowania. ix

Wprowadzenie xiii

Rozdział 1: Skromne Początki. 1

Rozdział 2: Jak Próbowałem Wszystkiego. 9

Rozdział 3: Zmiana. 17

Rozdział 4: Jakość nad ilość. 23

Rozdział 5: Prawdziwy Ty. 29

Rozdział 6: Pomaganie Ludziom i Przezwyciężanie
        Negatywnego Programowania 35

Rozdział 7: Jak przeskoczyć do Milionów. 41

Rozdział 8: Jak Zagrać Gwiazdę 47

Rozdział 9: Co dalej? Żyć szczęśliwym życiem 53

Podsumowanie. 57

O Autorze 63

Notatki, Wdzięczność i cele... 71

WPROWADZENIE

My wszyscy jesteśmy ludźmi, a w każdym z nas drzemie uczucie, że ta ludzka podróż, którą wszyscy przebywamy, kryje w sobie coś więcej. To uczucie prowadzi nas do najważniejszych pytań życiowych.

Pytań takich jak:

- Kim jestem?
- Dlaczego tutaj jestem?
- Czy istnieje coś więcej w życiu?
- Jaki jest mój cel?
- Jak mogę mieć wpływ?
- Jak mogę prowadzić życie, które naprawdę by mi się podobało?

Często te pytania sprawiają, że czujemy się trochę nieswojo. Często wydaje się, że na nie nie ma odpowiedzi. Tak więc przechodzimy przez życie, czując się niezaspokojeni, niejasni, czy nieistotni.

Celem tej książki jest przedstawienie odpowiedzi na niektóre z najtrudniejszych pytań życiowych.

Nie w sposób wysokoumysłowy czy filozoficzny sposób, lecz oparty na prawdziwym życiu. Ta historia to prawdziwe świadectwo, choć może brzmieć niemożliwie. Ma być dla ciebie przewodnikiem, opartym na doświadczeniach kogoś takiego jak ty.

Ross pochodził z klasy robotniczej. Wiedział, że w życiu jest coś więcej, i odkrył, że życie opiera się na pewnych prawach, czyli uniwersalnych zasadach. Śledząc te zasady, przeniósł się z pracy za najniższą stawkę do stylu życia wartego wielu milionów dolarów.

Ta książka przedstawia zasady sukcesu w sposób, który każdy może śledzić. Ross jest przykładem, jakie przemiany mogą zachodzić, gdy tajemnice sukcesu są właściwie wykorzystane. Jeśli Ross może to zrobić, ty też możesz! Przeczytaj tę książkę z otwartym umysłem, a świat może otworzyć się przed tobą w cudowny i nieimaginowany sposób. Zastosuj to, czego Ross uczy, z myślą, że „jestem wstanie" i „to, czego chcę, już mi to zostało dane", a także ty możesz osiągnąć poziom sukcesu i szczęścia dalece przekraczający to, co uważasz za możliwe.

Skup swoją uwagę. Największa zmiana, jaką możesz sobie wyobrazić jest zasięgu twojej ręki!

Rozdział 1

SKROMNE POCZĄTKI

U rodziłem się w rodzinie robotniczej w Houston, Teksas. W młodym wieku moja rodzina przeniosła się do Chicago. Mój tata był pracownikiem budowlanym i ciężko pracował przez długie dni, aby utrzymać naszą rodzinę. Znalazł pracę, którą uważał za lepszą w Wietrznym Mieście, więc się przeprowadziliśmy.

Mój ojciec pragnął dla nas tego, co najlepsze. Widział świat takim, jakim go znał - świat ciężkiej pracy, walki i długich dni tylko po to, aby zarobić wystarczająco, aby pokryć podstawowe potrzeby żywnościowe i comiesięczne rachunki. Powiedział mi, że jeśli pójdę do szkoły i zdobędę dobrą pracę, wszystko będzie w porządku. To było jego spojrzenie na życie, a dla mnie zdobywanie dobrej edukacji wydawało się być najlepszą drogą do sukcesu.

W niektóre dni, po powrocie do domu po długim dniu pracy, widziałem, że nie był szczęśliwy. Wydawało się, jakby wiedział, że ma większy cel do spełnienia w życiu. Mogłem odczuć, było coś innego o czym on marzył żeby robić w swoim życiu, uczucie, które stawało się bardziej głębokie, gdy dumnie opowiadał o wielkim gospodarstwie swojego ojca z wieloma krowami i końmi. Gdy zapytałem go, dlaczego opuścił gospodarstwo, aby pracować w budownictwie, powiedział mi, że gdy jego ojciec zmarł, gospodarstwo umarło wraz z nim.

Czasami, gdy tracimy ludzi, tracimy także nadzieję i wiarę. Ale jeśli chcesz przyciągnąć milion dolarów do swojego życia lub myśleć jak milioner, potrzebujesz obfitości nadziei i wiary. Nadziei, że naprawdę istnieje coś lepszego, i wiary, że to może być Twoje. Że to już jest Twoje. Ważne jest, abyśmy wszyscy „puścili i pozwolili Bogu", mając świadomość, że pracujemy z czymś większym niż my sami.

To wszystko ma związek z umysłem. Nie mówię o umyśle analitycznym, o tym dziesięciu procentach, które są używane do analizowania świata wokół nas. W rzeczywistości nasze umysły są o wiele większe i potężniejsze, niż sądzimy. Mówię o naszych umysłach podświadomych. To tutaj mieszka pozostałe dziewięćdziesiąt procent, i nie tylko jest potężniejsze, ale ma także bardzo specjalne zdolności.

Nasze umysły podświadome nie mają poczucia czasu ani przestrzeni. Umysł podświadomy jest nieskończony. Jest nieograniczony. Gdy trzymamy jasne obrazy i potężne myśli w naszych umysłach na temat przyszłości, której naprawdę pragniemy i życia, które byśmy naprawdę pokochali, możemy posunąć się naprzód do większego celu i większego planu.

Gdy myślę o tym, co przeżył mój tata po stracie swojego ojca, przypomina mi się list Napoleona Hilla, „Wyzwanie życiu", i jego wskazówki dotyczące pokonania śmierci. W liście nakazał czytelnikom uśmiechnięcie się do życia i zrozumienie, że śmierć jest jak piękny sen. Doświadczamy najbardziej obfitych przyjemności Boga.

Długo mi zajęło zrozumienie roli, jaką w naszym życiu odgrywa strach przed śmiercią, ale dziś mogę powiedzieć, że nie mam tego strachu.

Pokonaj strach przed śmiercią i ubóstwem.

Pamiętaj, że jesteś sumą wszystkich swoich myśli.

Wewnętrzne „ja" - to ty, które myśli w sekrecie - może pomóc ci kultywować własne sanktuarium, „święte sanktuarium" wewnątrz, tajemne miejsce nieskończonej mocy i zrozumienia. Sanctum sanctorum jest w każdym z nas, czy to wiemy czy nie. To miejsce, gdzie odkrywamy najprawdziwsze wersje siebie, i miejsce, gdzie wszystkie możliwości przychodzą na swiat.

Ludzie często pytają mnie, jak przyciągnąłem swój pierwszy milion dolarów do trzydziestego drugiego roku życia, przechodząc z zarabiania 10 dolarów na godzinę na 100 000 dolarów miesięcznie. Zaczęło się od pomysłu, jasnego obrazu w moim umyśle. Odkryłem moje święte sanktuarium.

Mieć pomysł i plan, oprócz mentalności wartego miliona dolarów, jest kluczowe dla Twojego sukcesu. Pamiętam, jak słuchałem Napoleona Hilla, mówiącego o ważności zakupu

zeszytu i zapisaniu swojego celu, i zrobiłem dokładnie to. Pewnego wieczoru w domu napisałem, że chcę zarobić 1,75 miliona dolarów. Wtedy nie miałem pojęcia, jak osiągnąć ten cel. Wszystko zaczęło się od pomysłu, i gdy raz umieściłem pomysł na papierze, byłem w stanie przejść do kolejnego kroku i stworzyć plan działania.

Kiedy byłem biedny, chciałem zarabiać więcej pieniędzy z powodu stylu życia, jaki by mi towarzyszył. Gdy stałem się bogaty, zdałem sobie sprawę, że jako ludzie ścigamy się za uczuciami związanymi z tym, czego pragniemy. Kiedy to zrozumiałem, wiedziałem, że powinienem dążyć do swoich prawdziwych pragnień.

Pieniądze to energia, aby stale czerpać z życia jak najwięcej, musisz mieć pragnienie lub cel, który pomaga ci czuć się świetnie zarówno o sobie, jak i o przyszłości, którą budujesz. Dlatego postanowiłem pisać książki na temat „mentalności wartego miliona dolarów". Naprawdę lubię edukować ludzi na temat bogactwa.

Cele i pragnienia są osiągalne, i istnieje recepta na uczynienie twoich marzeń rzeczywistością, jak wyjaśnię poniżej. Formuła jest jak przepis. Jeśli będziesz się trzymać przepisu, będziesz mógł skosztować pysznych rezultatów. Miej wiarę w siebie i uwierz, że przepis działa.

Po pierwsze, zacznij od uczucia, że już osiągnąłeś swój cel. Zacznij od powiedzenia sobie na przykład: „Jestem tak szczęśliwy i wdzięczny, teraz, gdy…" i dokończ zdanie. Dodanie emocji do swojego werbalnego celu nadaje twojemu stwierdzeniu siłę.

Musisz mieć wiarę we własne możliwości i skupić się, aby użyć swojej koncentracji - mocy woli - do osiągnięcia tego, czego pragniesz. Co ważne, musisz być napędzany emocjami, ponieważ twój cel to coś, co naprawdę kochasz.

Po drugie, określ swojemu celowi termin. Twoje pierwsze zdanie powinno brzmieć na przykład: „Jestem tak szczęśliwy i wdzięczny, teraz, gdy do 1 stycznia 2024 roku…" Termin rozpoczyna odliczanie czasu. W przyrodzie Prawo Płci dba o to poprzez pory siewu i zbiorów. Wiemy, że potrzeba dziewięciu miesięcy, aby kobieta urodziła dziecko, ale nie wiemy, jak długo zajmie urodzenie duchowego nasienia. Dlatego ważne jest, aby uwzględnić termin przy pisaniu swojego celu.

Po trzecie, używaj frazy „Jestem", aby opisywać siebie tak, jakbyś już osiągnął swój cel. Wszystko, co mówisz o swoim celu, musi być w czasie teraźniejszym. „Jestem niewiarygodnie bogaty", „Jestem zakochany w najwspanialszej osobie na świecie", „Pracuję w mojej wymarzonej pracy".

Po czwarte, twój cel powinien być jasny i wystarczająco prosty, aby go zapamiętać. Codziennie ponownie czytaj swoje oświadczenie celu. Naucz się go na pamięć i mów sobie to podczas kąpieli, gdy prowadzisz samochód, zaraz po przebudzeniu rano i przed zamknięciem oczu na noc. Powtarzaj ten proces każdego dnia, aż do osiągnięcia celu. Zapisuj go tak często, jak to możliwe. Jeśli wybrany przez ciebie termin mija, kontynuuj z celem i ustaw nowy termin. Powtarzaj to aż do spełnienia twojego pragnienia.

Moje pragnienie stało się rzeczywistością 1 stycznia 2017 roku, dokładnie wtedy, gdy wyznaczyłem sobie termin w moim celu. Zajęło mi to około pięciu lat, aby zmanifestować moje marzenie, a teraz chcę pomóc ci zmanifestować twoje.

CZAS NA SKONCENTROWANIE SIĘ: NAPISZ SWOJE OŚWIADCZENIE CELU

W poniższej przestrzeni napisz swoje oświadczenie celu, korzystając z czterech kroków powyżej. Postępuj zgodnie z instrukcją, tak jak ja to zrobiłem, pamiętając o dacie i podpisie. To ważny krok w osiągnięciu twojego celu.

_____

_____

_____

_____

_____

Rozdział 2

JAK PRÓBOWAŁEM
WSZYSTKIEGO

P o ukończeniu szkoły średniej w 2001 roku, rozpocząłem swoją karierę zawodową jako sprzedawca telefonów komórkowych w Circuit City. W tamtych dniach nie bardzo wiedziałem, czego chcę, ale byłem pewien, że chcę zarabiać dużo pieniędzy. Byłem najlepszym sprzedawcą w Stanach Zjednoczonych w dziale bezprzewodowym Circuit City. Miałem kierownika o imieniu Mike Evans, który zawsze rozmawiał o tym, jak mogę poprawić swoje sprzedaże poprzez role-playe.

W tamtych czasach, gdy telefony nie miały jeszcze Internetu, sprzedawaliśmy telefony i zarabialiśmy prowizję od naszych sprzedaży. Mówił, jak w sprzedaży nie ma sufitu ani limitu, więc moje dochody zawsze miały potencjał wzrostu.

Jako nastolatek szukający swojej drogi, podziwiałem Mike'a, bo jeszcze nie rozumiałem, o co chodzi w życiu. Mike miał świetne porady, pomagając mi zrozumieć, że sprzedaż to nie tylko „Hej, chcesz coś kupić?". On nauczył mnie

,jak ważne jest okazywanie ekscytacji i entuzjazmu. Musisz przekonać klienta, że jesteś ekspertem w tym, co sprzedajesz. Mike pomógł mi myśleć nieszablonowo i rozważać sprzedaż jako nieskończony potencjał do zarabiania na życie. Nauka skutecznej sprzedaży to bardzo ważna umiejętność dla sukcesu.

Jeśli potrafisz to zobaczyć, możesz się tym stać.

Po ataku na wieże bliźniacze w Nowym Jorku, kurs akcji Circuit City spadł, i zostałem bez pracy, ponieważ oni nie byli w stanie zapłacić mi prowizji.

Najpierw ubiegałem się o zasiłek dla bezrobotnych i poszedłem na studia, a po pewnym czasie postanowiłem zająć się branżą hipoteczną. Patrzyłem, jak moi przyjaciele kupowali nowe samochody i zastanawiałem się, jak zarabiali tyle pieniędzy. Postanowiłem przerwać studia, ponieważ chciałem zdobyć praktyczne doświadczenie w branży hipotecznej.

Miałem dobrego przyjaciela o imieniu Johnny, który wziął mnie pod swoje skrzydła i nauczył, jak rozwiązywać warunki dotyczące kredytów hipotecznych. Poznałem go w 2003 roku, gdy miałem dwadzieścia jeden lat, po zwolnieniu z Circuit City. Oboje pracowaliśmy w firmie o nazwie First Capital Mortgage. Johnny przygotowywał się do otwarcia własnego biura. Ostatecznie poszedłem do pracy z nim jako Kierownik Operacji. Powiedział, że będzie mnie prowadził, ponieważ wtedy nie znałem się na branży hipotecznej.

On miał małe biuro, gdzie on i ja rozpatrywaliśmy warunki dla First Capital Mortgage.

Mimo że pracowałem z Johnnym przez pięć lat, czułem, że czegoś mi brakuje i że życie musi być czymś więcej. Po nauczeniu się branży hipotecznej i spędzeniu lat pracy nad plikami, poszedłem do pracy w BMO Harris Bank w 2008 roku, co jest amerykańskim oddziałem Banku Montreal. Niestety recesja w 2009 roku sprawiła, że wielu ludzi straciło pracę, i znów znalazłem się bezrobotny.

Wkrótce potem dostałem propozycję pracy w Chase Bank w ich dziale hipotecznym. Chociaż było wolno, myślałem, że mogę nadal pracować nad kredytami hipotecznymi. Ponadto myślałem, że gospodarka znowu się ożywi.

Nie wyszło tak, jak myślałem, i w 2010 roku złożyłem wniosek o przeniesienie się do ich działu modyfikacji kredytów. Powiedzieli, że nie mogę się przenieść, ponieważ muszę przepracować rok w ich dziale hipotecznym. Zdecydowałem się zrezygnować i zamiast tego pracować w domu mojej mamy, zajmując się modyfikacjami kredytów dla rodziny i przyjaciół.

Potem wszystko się zmieniło.

W tym samym roku prawie zabiłem siebie i kogoś innego w wypadku po spożyciu alkoholu. Po zderzeniu z innym samochodem kierowca zapadł w śpiączkę na kilka dni.

Na szczęście przeżył i wrócił do zdrowia. Kiedy się do niego odezwałem, przyjął moje przeprosiny.

Sędzia wiedział, że niedawno ukończyłem Northwestern College i powiedział mi, że zamiast wysłać mnie do więzienia, skieruje mnie do programu wojskowego obozu szkoleniowego, który pomoże wprowadzić dyscyplinę w moim życiu.

Ale dla mnie dyscyplina nie była dla mojego ciała - była dla mojego umysłu.

Właściwie historia związana z tytułem tej książki sięga czasów, gdy byłem na obozie szkoleniowym, próbując zrozumieć, dlaczego przeszedłem to wszystko. Podczas mojego pobytu na obozie szkoleniowym zobaczyłem obraz pociągu podążającego pod górę, gdzie po drugiej stronie wzgórza czekał sukces. Ludzie wsiadali do pociągu, ale wiele zakrętów i zwrotów prowadziło do prokrastynacji i strachu. Z tej wizji pociągu wyciągnąłem ostatecznie bardzo ważną prawdę:

Ludzie pełni sukcesu znajdą drogę, która prowadzi do sukcesu.

Gdy wyszedłem z obozu szkoleniowego po czterech miesiącach, kontynuowałem dyscyplinowanie mojego umysłu i zacząłem słuchać na YouTube'a Napoleona Hilla. Dzięki jego nauczaniu nauczyłem się, jak można przejąć kontrolę nad własnym umysłem i zacząć przyciągać to, czego się pragnie. Jasno stwierdził, że największym wyzwaniem dla ludzkości jest niezdolność do przejęcia kontroli nad własnym umysłem. Kiedy zacząłem go słuchać, zdałem sobie sprawę, że spędziłem swoje życie słuchając wszystkich ludzi wokół mnie, zamiast naprawdę myśleć o tym, czego ja chcę.

Ja poszłem na studia, bo myślałem, że osiągnę sukces, ponieważ mówiono mi, że to właśnie tak się go osiąga.

Jednak nie osiągnąłem sukcesu.

Znalazłem pracę w dziale kredytów hipotecznych w Chase, zarabiając zaledwie 24 000 dolarów rocznie, ponieważ nauczono mnie, że tradycyjna kariera to najlepsza droga do osiągnięcia sukcesu. Jednak w rzeczywistości nikt nie kupował domów, ponieważ gospodarka nadal była w recesji w 2010 roku. To wtedy postanowiłem dokonać zmiany, pracując po przeciwnej stronie branży hipotecznej, zajmując się modyfikacjami kredytów.

Ponieważ Napoleon Hill mówił, że powinniśmy wykorzystać nasze umiejętności do przyciągania obfitości, szczerze zadałem sobie pytanie: W czym jestem dobry? Szybko zdałem sobie sprawę, że mam zdolności do przeprowadzania modyfikacji kredytów. W 2010 roku pomogłem moim rodzicom zaoszczędzić ponad 150 000 dolarów na kredycie hipotecznym. Ponadto obniżyłem ich oprocentowanie z 7% do 2%.

W tamtym czasie moi rodzice mieli dług w wysokości 285 000 dolarów. Wartość ich domu wynosiła 150 000 dolarów, ponieważ w latach 2008-2009 gospodarka Stanów Zjednoczonych załamała się, a nieruchomość była pod górkę. Wielu przyjaciół mojego ojca próbowało go zniechęcić do skorzystania z redukcji kredytu na dom, a on z kolei próbował mnie zniechęcić. Ale coś wewnętrznego mówiło mi, że pomogę obniżyć saldo nieruchomości do obecnej wartości rynkowej. Zajęło to około dziewięciu miesięcy pracy, wiary i determinacji, aby obniżyć jego saldo do wartości rynkowej 150 000 dolarów.

Znalazłem niesamowity sposób, aby pomagać ludziom zmieniać swoje życie!

Kolejnym poradnikiem od Napoleona Hilla, który natychmiast zastosowałem, było kupienie notesu i zapisanie tego, czego chciałem. Wtedy myślałem, że zarabianie 1,75 miliona dolarów to świetny pomysł, więc napisałem, że chcę osiągnąć ten cel do 1 stycznia 2017 roku. Wpisałem ten cel w 2012 roku, a zajęło mi pięć lat, aby go zmanifestować.

Napoleon Hill mówił, że wszystko zaczyna się od pragnienia i podjęcia decyzji.

Aby osiągnąć mój cel 1,75 miliona dolarów, określiłem kwotę, jaką pobierałbym za swoje usługi - 4500 dolarów od każdego klienta. Następnie przeliczyłem, ile klientów potrzebuję, aby osiągnąć swój cel.

Następnie trzymałem w rękach kartkę z celem i codziennie go powtarzałem, aby lepiej sobie wyobrazić, jak to jest poczuć spełnienie mojego pragnienia. Czytałem książki o prawie przyciągania. Podjąłem masowe działania, aby rozpocząć własną firmę i stworzyć plan marketingowy. Patrzyłem na siebie w lustrze i mówiłem: „Jestem milionerem. Jestem milionerem."

To, co zaczęło się od marzeń i planowania, stało się wiarą. Wiara w końcu stała się rzeczywistością.

W 2012 roku moja siostra zadzwoniła do mnie, sugerując, abym pracował z nią w firmie specjalizującej się w modyfikacjach kredytów.

Przyjąłem tę pracę, ponieważ nie miałem dochodu. Dopiero zaczynałem rozumieć materiał Napoleona Hilla na temat przyciągania obfitości, więc powiedziałem jej, że przyjdę na rozmowę kwalifikacyjną. Praca była świetna na ten czas, ale ja już miałem własny plan zapisany.

Moja siostra nie zdawała sobie sprawy, że mam plan i że praca, którą mi zaoferowała w firmie zajmującej się modyfikacjami kredytów, jeszcze bardziej zainspirowała mnie do założenia swojej firmy. Kiedy złożyłem rezygnację, powiedziała mi, że popełniam błąd, ale nie wiedziała, że już planuję otworzyć własne biuro.

Krótko po rezygnacji odebrałem telefon od znajomego prawnika, który powiedział, że znalazł dla mnie biuro. Ostatecznie otworzyłem swoje własne biuro i skończyło się na tym, że kupiłem budynek, w którym pracowałem - budynek, który byłem właścicielem przez dwa lub trzy lata, aż w końcu sprzedałem go z powrotem temu prawnikowi, od którego go zakupiłem.

Na początku nie rozumiałem, jak miałem tyle szczęścia. Ale to nie było szczęście. To było zgodnie z prawem, że rzeczy układały się dla mnie. Napoleon Hill mówi, że rzeczy zaczynają się dziać i drzwi zaczynają się otwierać, gdy podejmujesz decyzję o tym, czego chcesz.

To jest twój „definitywny główny cel".

Gdy już wiesz, jaki jest twój definitywny główny cel, zaczynają się dziać okoliczności, a ty zaczynasz poruszać się w kierunku spełniania tego marzenia. To było częścią tego, jak przyciągnąłem 1,75 miliona dolarów.

Muszę przyznać, że byłem trochę zdenerwowany i zaniepokojony, kiedy zrezygnowałem z pracy w firmie, w której pracowała moja siostra. Dla większości ludzi rzucenie pracy i podążanie za swoim celem czy pragnieniem to ryzyko, a nawet absurd. Ale po prostu miałem to uczucie, że osiągnę sukces i stanę się milionerem. Wielu ludzi sądziło, że marnuję swój czas, ale nie zależało mi na tym, co mówili. Dlaczego miałbym przejmować się tym, co mówią? Byłem spłukany, a co najważniejsze, miałem dość bycia spłukanym.

Rozdział 3

ZMIANA

P o wysłuchaniu największych umysłów zajmujących się rozwojem osobistym - ludzi takich jak Napoleon Hill, Earl Nightingale, Bob Proctor, Thomas Troward i Geneviève Behrend - zacząłem zauważać różnicę w moim sposobie myślenia. Zauważałem również różnicę na swoim koncie bankowym.

Na początku mojej podróży w kierunku przyciągnięcia 1,75 miliona dolarów było to, jakbym wyskoczył z samolotu. Nie wiedziałem, gdzie wyląduję.

Jedyne, co wiedziałem, to że dla mnie otwierają się drzwi.

Po tym, jak prawnik zaoferował mi biuro do prowadzenia modyfikacji kredytów w ramach jego kancelarii prawnej, przyjąłem to stanowisko i biuro. Natychmiast zacząłem pozyskiwać klientów, najpierw za pośrednictwem ulotek i wizytówek, a później za pośrednictwem radia.

Prawie od razu klienci zaczęli płacić mi 1000, 750, 2000 dolarów, itp. Wkrótce pojawiła się przedstawicielka firmy magazynowej, która zapoznała mnie z osobowością radiową, współpracującą ze mną w przyciąganiu kolejnych klientów do mojego biznesu. Zabawne było to, że najpierw spotkałem tę osobowość radiową, gdy pracowałem z siostrą w kancelarii prawnej. Zapytałem go, dlaczego chciałby promować moje usługi modyfikacji kredytów i współpracować ze mną, skoro pracował z moimi konkurentami. Powiedział mi, że chce dać mi szansę i jest pewien, że wiem, co robię.

Codziennie przez cztery lata chodziłem do stacji radiowej niedaleko mojego biura. Nagrywałem codziennie rano o dziewiątej. W mgnieniu oka przeszedłem z dwóch lub trzech klientów na trzydzieści pięć klientów w ciągu jednego miesiąca.

Moje dochody wzrosły z 3000 dolarów miesięcznie do 125 000 dolarów w tym samym okresie czasu.

Oczywiście miałem wydatki do opłacenia, ale było warto. Budowałem swoją bazę klientów dzięki stacji radiowej i poleceniom.

Około pięciu miesięcy później zadzwoniła do mnie siostra. Odeszła z kancelarii prawnej i przyjęła ofertę pracy w MB Bank, który teraz jest Fifth Third Bank. Ostatecznie zrezygnowała z pracy, ponieważ miała problemy z jednym z pracowników.

Kazałem jej przyjść i ze mną pracować, i ona od razu zauważyła, jak bardzo się zmieniłem. Miałem pozytywne podejście psychiczne, skoncentrowałem się na moim planie, a mój cel był jasny. Ponadto mogła zauważyć, że środowisko pracy i potencjał wzrostu jej dochodów będą inne, lepsze, jeśli będzie ze mną pracować. Moja kochająca siostra, która niedawno powiedziała mi, że nie znajdę innej pracy, jeśli odejdę z kancelarii prawnej, teraz pracowała ze mną i widziała, jak mój wypełniony plan się sprawdzał.

Pewnego dnia, gdy jedliśmy lunch w restauracji w Chicago, zapytała mnie: „Dlaczego zawsze przynosisz ze sobą kopię książki „Myśl i rozwijaj się bogato"? Dlaczego zawsze trzymasz tę książkę w ręku?"

Powiedziałem jej, że książka zawiera tajemnicę i że jeśli zrobi to, co jej mówię, dosłownie może mieć wszystko, czego chce.

„No dobra, jaka jest ta tajemnica?" zapytała.

„Czego naprawdę chcesz?"

„Chcę zarabiać 100 000 dolarów rocznie."

„Weź kartkę papieru i długopis", powiedziałem. „Chcę, żebyś napisała, że zarobisz 100 000 dolarów miesięcznie."

Zszokowana powiedziała: „100 000 dolarów miesięcznie?"

Na początku myślała, że wszystko, co musi zrobić, to być partnerem ze mną, ponieważ wiedziała, że już zarabiam więcej niż" $100,000 na miesiąc.

Ale powiedziałem jej nie – ona miała przyciągnąć 100 000 dolarów miesięcznie, zakładając swoją własną firmę. Pytała dalej, jak to zrobić.

Powiedziałem jej: „Nie martw się, *jak to zrobić* samo się przed tobą ukaże".

„Co masz na myśli?" zapytała. Ale mogłem powiedzieć jej, że one już poważnie rozważa to, co powiedziałem, i przyswaja te myśli.

Stworzyła sobie obraz siebie zarabiającej 100 000 dolarów miesięcznie, i to ją podekscytowało.

Potem napisała swoje cele, stworzyła plan działania, a następnie podjęła masowe działania, tak jak ja to zrobiłem. W końcu jej podświadomy umysł wziął jej cele i pragnienia i je zmaterializował.

Około dwóch lat później udało jej się osiągnąć swój cel zarabiania 100 000 dolarów miesięcznie.

Moja firma nadal rosła, a ze mną często ludzie z doświadczeniem w marketingu radiowym i telewizyjnym kontaktowali się. Wtedy jeszcze nie zdawałem sobie sprawy, co dokładnie robię.

Zmieniałem świat zewnętrzny w taki sposób, że miał on pozytywny wpływ na moje życie.

Zmieniając obraz w moim umyśle i stosując wiarę, wytrwałość i ciągłe działanie, byłem w stanie nieustannie zmierzać ku osiągnięciu moich celów.

Aby wsiąść na Profit Express, potrzebujesz jasnego obrazu i celu, oraz musisz być zdeterminowany, że osiągniesz swój cel, bez względu na to, jaki to cel. Twój system przekonań o sobie musi być podniesiony, a zgodnie z prawem, także twój dochód zostanie podniesiony również.

Rozdział 4

JAKOŚĆ NAD ILOŚĆ

Mam dla ciebie dwie ważne pytania: Kim jesteś naprawdę? Skąd pochodzi źródło twojej mocy?

Nauczyłem się, że jesteśmy istotami duchowymi i intelektualnymi, zamieszkującymi fizyczne ciało. W 1934 roku, w San Antonio, Teksasie, istniał lekarz specjalizujący się w sztuce uzdrawiania o imieniu Thurman Fleet, który stworzył prosty obraz umysłu. Górna część obrazu przedstawia twoje świadome myśli. Dolna część reprezentuje twój umysł podświadomy, i tutaj zaczyna się cała zabawa.

Napoleon Hill twierdzi, że umysł podświadomy nie rozróżnia między centem a milionem dolarów; po prostu przyjmuje informacje. Im bardziej zaszczepisz swój pomysł w umyśle podświadomym, tym mniej zdolności ma on do ich odrzucenia. Musi zaakceptować pomysł.

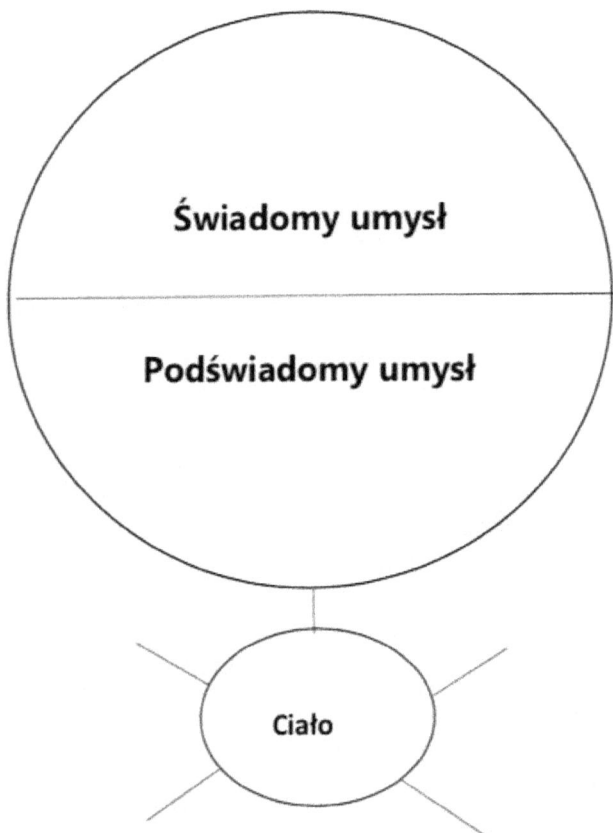

Świadomy umysł

Podświadomy umysł

Ciało

**Czy chcesz wsiąść na pokład Profit Express i
przyciągnąć milion dolarów?**

Repetycja jest kluczowa, dlatego ważne jest, abyś
nadal czytał i słuchał tych samych informacji raz za
razem, powtarzając swoje postanowienie celu, abyś

mógł dosłownie przeskoczyć na drogę ekspresową, aby przyciągnąć swój milion dolarów. Zasada wibracji mówi, że nic nie spoczywa; wszystko ciągle się porusza. Tak samo jak my.

Myślimy w obrazach. Czy potrafisz wyobrazić sobie siebie jako kogoś, kto jest szczęśliwy, zdrowy i bogaty?

Kiedy pierwszy raz dowiedziałem się o powtarzaniu i wizualizacji, wątpiłem w ich moc. Ale później zrozumiałem, że podświadomy umysł pracuje nawet wtedy, gdy nie myślisz aktywnie. Przecież aktywnie myślisz tylko przez 3% czasu, więc co się dzieje z pozostałymi 97% myślami?

Teraz zajmujemy się jednym z wyższych uczuć, które nazwiemy twoją wolą. Musisz skupić swoją wolę na swoim obrazie i utrzymać go. Rozmawiaj ze sobą w swoim umyśle i mów sobie, że jesteś szczęśliwy, zdrowy i bogaty.

Ja mówię sobie:

Jestem tak szczęśliwy i wdzięczny, że pieniądze napływają do mnie w coraz większych ilościach z wielu źródeł na ciągłym podłożu.

Powtarzam to ciągle w swoim umyśle, niezależnie od okoliczności życiowych na zewnątrz.

Oprócz powtarzania i wizualizacji, o których wspominałem wcześniej, ważne jest również określenie konkretnej daty, kiedy chcesz

osiągnąć swój cel. Jednak pamiętaj, że jeśli nie osiągniesz swojego celu do konkretnej daty, to nic złego. Zmień datę, idź naprzód i nigdy nie przestawaj powtarzać swoich celów.

Oto jeszcze jedna technika, którą możesz użyć, aby spełnić swoje marzenia, zwłaszcza w dni, gdy trudno ci wierzyć w siebie i swoje cele:

- Spędź dziesięć minut wyrażając wdzięczność za to, co już masz.

- Pozwól swojej wyobraźni biegać na wolności. Spędź kolejne dziesięć minut myśląc o swoich marzeniach i wyobrażając sobie, że już osiągnąłeś ten cel.

W zasadzie żyj życiem w mentalności, że zmiana, której szukasz, już nastąpiła.

Nauczania w dziedzinie nauki i teologii różnią się praktycznie we wszystkich obszarach, ale zgadzają się co do jednego - nic nie jest tworzone, a nic nie jest zniszczone. Wszystko, czego pragniesz, już istnieje tutaj. Jednak jest na pewnej częstotliwości, i z powodu prawa wibracji musimy dopasować częstotliwość naszego pragnienia, celu aby je osiągnąć.

To dlatego ludzie są zdezorientowani lub mają trudności z wizualizacją i powtarzaniem. Myślą na innej częstotliwości niż częstotliwość ich pragnienia. Aby przyciągnąć swoje pragnienie, musisz dopasować jego wysokooktanową częstotliwość.

Jak można osiągnąć tę wysokoenergetyczną częstotliwość?

Przez czytanie książek takich jak ta, uczestnictwo w seminariach i uczenie się, kim naprawdę jesteś.

Twoje pragnienie to duchowe nasienie, a chwila, gdy wyobrażasz sobie, że twoje pragnienie staje się rzeczywistością, to akt sadzenia twojego nasienia. Jednak nie możesz zmuszać rzeczy do zdarzenia się dla ciebie. Musisz pracować w zgodzie z prawem natury, z Boga *modus operandi*.

Najważniejsze jest to żeby się czuć całkowicie pewnie, że osiągniesz swój cel. Jednak musisz także zadbać, aby nie ekscytować się za bardzo, gdy go osiągniesz, co powstrzyma cię przed dalszym rozwojem.

Na początku miałem trudności z zrozumieniem, jak osiągnąć moje cele, i często zastanawiałem się, kiedy to się stanie. Zaskakująco, osiągnąłem swój cel w terminie, który pierwotnie wyznaczyłem. Aby zmanifestować swoje cele, możesz zrobić to, co ja - wyobraź sobie swoje marzenia jako nasienie, które już zasadziłeś, i zanim się obejrzysz, twoje marzenia zaczną kiełkować i rosnąć.

Jesteś kreatywny, nawet gdy myślisz, że nim nie jesteś. Więc... twórz!

Rozdział 5

PRAWDZIWY TY

Być może masz poziom dochodów w umyśle, który chciałbyś osiągnąć, ale nie jesteś pewien, jakie kroki podjąć, aby tam dotrzeć. Oto sekret: nie zawsze musisz znać wszystkie kroki, aby przejść od miejsca, w którym się znajdujesz, do miejsca, do którego chcesz dotrzeć. Właściwie potrzebujesz tylko palącego pragnienia i odwagi, aby podjąć pierwszy krok. Posiadasz cechy i umiejętności, o których być może wiesz, świadomie lub podświadomie. Na przykład, jeśli jesteś artystą, muzykiem lub aktorem, możesz wykorzystać te umiejętności, aby osiągnąć swoje cele. Wszyscy posiadamy palące prag-nienie, które sprawia, że czujemy się dobrze, i można je zamienić w cel.

Pamiętacie, kiedy rozmawiałem o kolacji z moją siostrą, gdzie zapytałem ją, ile pieniędzy chce zarabiać, aby być szczęśliwą? Powiedziała mi, że chce zarabiać 100 000 dolarów rocznie, a ja zapytałem, dlaczego. Powiedziała, że chce zająć się swoją rodziną i czuje, że zarabiając

100 000 dolarów rocznie wystarczyłoby jej na opłacenie wszystkich jej rachunków i wygodne życie. To nie był duży, wysoki cel. Chciała dążyć do czegoś, co wiedziała, że jest w jej zasięgu. Jeśli chodzi o cele, istnieją trzy poziomy. Cel typu A to coś, co już wiemy, że możemy łatwo osiągnąć. Cel typu B to coś, co sądzimy, że możemy osiągnąć. A cel typu C to coś, co nie mamy pojęcia, jak osiągnąć. Moja siostra nie dążyła do celu typu C; miała zamiar zadowolić się celem typu B, ponieważ wiedziała, że jest w jej zasięgu.

Dlatego zachęciłem ją do dążenia do celu typu C, sugerując, aby zwiększyć swój cel z 100 000 dolarów rocznie na 100 000 dolarów miesięcznie. W końcu, aby osiągnąć moje 1,75 miliona dolarów, musiałem dążyć do celu typu C. Pomogło to, że już wierzyłem w radę Napoleona Hilla, że mogę faktycznie stać się lepszą wersją siebie. Ale na początku nie wierzyłem w siebie.

Wierzenie w siebie jest ważne dla osiągnięcia celów.

Jeśli masz trudności w wierzeniu w siebie, sugeruję znalezienie mentora, który będzie cię trzymał odpowiedzialnym. Mentor pomoże ci dostrzec twój własny potencjał i stworzyć plan, klarowny obraz twojego celu. Oni pomogą ci zobaczyć pierwszy krok i zawsze pozostać skoncentrowanym na następnym.

Wiara innych osób sama w sobie nie pomoże ci osiągnąć dużego, szlachetnego celu. Tylko ty wiesz, co Ci podpowiada twój umysł.

W początkach lat 1900, profesor William James powiedział, że ludzie mają średnio 60 000 myśli dziennie, a spośród tych 60 000 myśli 59 000 z nich nie służy ci, ponieważ nie są skoncentrowane na rzeczach, których chcesz. Dlatego ważne jest zawsze zdawanie sobie sprawy, że musimy konsekwentnie bawić się i przypominać sobie nasz zdecydowany główny cel.

W przypadku mojej siostry wystarczyło, że wiedziała, jakie to uczucie zarabiać 100 000 dolarów miesięcznie. Kiedy widziała, że ja zarabiam tyle, pomogło to, że cel wydawał się mniej nieosiągalny. Często łatwiej jest dążyć do dużego celu, gdy wiesz, że ktoś inny go osiągnął. Jeśli oni mogli to zrobić, ty też możesz.

Czy naprawdę wierzysz w siebie i w swoje zdolności, bez względu na to, jak trudna jest teraz twoja sytuacja, bez względu na to, kto w Ciebie nie wierzy, i bez względu na to, kto mówi ci, że to nie zadziała? Twoja odpowiedź na to pytanie będzie decydować o twoim sukcesie. Słowo „wiara" oznacza „Jestem w stanie, ponieważ Bóg lub nieskończona inteligencja jest w stanie, i jestem dzieckiem nieskończonej inteligencji."

Miej wiarę! Nie poddawaj się. Oprócz wiary w siebie, rozpalić się entuzjazmem na punkcie swoich celów.

Ważne jest, aby słuchać porad od ludzi, którzy mają to, czego chcesz, i którzy cię wspierają. Często ludzie wokół ciebie powiedzą ci, że nie osiągniesz sukcesu. Najprawdopodobniej ci ludzie nie mają tego, do czego ty dążysz.

Powinieneś trzymać się z dala od ludzi takich jak oni, a jeśli ktoś jest ci bliski, zalecam nie mówienie im o swoim planie, bo mogą cię z tego zniechęcić.

Jeśli chodzi o sukces, jesteś jedynym problemem i jedynym rozwiązaniem. Gdy zmienisz swoje postrzeganie samego siebie, wszystko inne się zmieni. Kawałki układanki zaczną się łączyć.

William James, ojciec psychologii w Stanach Zjednoczonych, powiedział, że nasze systemy wierzeń opierają się na tym, jak oceniamy sytuacje. Jeśli często przewartościowujesz sytuację, twoje przekonania na jej temat zmienią się. To właśnie zrobiłem.

Jedyną rzeczą, która istnieje, jest to, co tworzysz w swoim umyśle i to, co postrzegasz jako prawdziwe. To, co widzisz, nie jest tym, co dostajesz. To, co widzisz, nie jest tym, czym jest. Zostałeś oszukany, aby myśleć, że to, co widzisz, jest rzeczywiste.

Otrzymujesz to, kim jesteś, w co wierzysz głęboko w swoim sercu.

Ludzie, których uważasz za uosobienie sukcesu, mogą mieć problemy. Mogą przechodzić przez trudności, o których nie masz pojęcia, dlatego ważne jest, abyśmy nie oceniali. Po prostu musisz być zadowolony z siebie i ze swoich rezultatów. Bez względu na to, jak to wygląda, kontynuuj dążenie do tego, czego chcesz. I bądź wdzięczny! Bo Bóg nigdy nie pośle ci więcej, jeśli nie jesteś wdzięczny za to, co już masz.

Rzeczywistość, która istnieje, istnieje w twoim umyśle.

Kiedy zrozumiesz, że musisz najpierw pracować nad wnętrzem, zewnętrzna rzeczywistość zacznie się zmieniać. Przestań pracować nad tym, co jest na zewnątrz. Nigdy nie możesz zmienić nikogo. Jedyną osobą, na którą powinieneś się skupić, jesteś ty sam.

Powodem, dla którego napisałem ten rozdział, to pomóc ci zobaczyć, jak ważne jest wykorzystanie swoich cech. Wszyscy posiadamy różne cechy, które mogą poprowadzić nas na kolejny poziom.

Znajdź w sobie cechy oparte na twoich płonących pragnieniach i twoim doświadczeniu. Zapisz te cechy na kartce papieru, tak jak zrobiłem ja i moja siostra. Każdą cechę uczyn „JESTEM". Zamień te umiejętności i cechy w mierzalne cele z terminem wykonania i powtarzaj cele sobie codziennie tak długo, jak tylko się da.

Rozdział 6

POMAGAJ LUDZIOM
I POKONAJ NEGATYWNE
PROGRAMOWANIE.

Ja jestem w biznesie pomagania ludziom, a każdy, kto dąży do poprawy siebie, również powinien być w biznesie pomagania innym. Lubię widzieć ludzi uśmiechających się i cieszących się życiem. Napoleon Hill powiedział, że największym grzechem ludzkości jest błąd oddania przejęcia kontroli nad własnym umysłem. Powiedział, że jeśli przejęlibyśmy sami kontrolę nad naszymi umysłami, moglibyśmy dosłownie stworzyć własną gospodarkę.

Możesz tworzyć swój własny świat.

Widzę ludzi walczących, aby przejąć kontrolę nad swoimi umysłami i przatrzących na negatywne programowanie z przeszłości. Kiedy idę do sklepów, czasami słyszę matki mówiące swoim dzieciom: „Nie możesz tego mieć" lub „Po prostu nie stać nas na to". Wierz mi, byłem w sytuacjach, gdzie czułem, że jestem otoczony ludźmi, którzy mówią mi, co nie mogę mieć i na co mnie nie stać. Kiedy byłem młodszy, pamiętam pewnego razu gniewając się, uderzałem w ściany mojego domu, ponieważ moja matka nie chciała dać mi 5 dolarów, które potrzebowałem.

Dla wielu z nas to, do czego byliśmy wystawieni środowiskowo i społecznie przez całe nasze życie, negatywnie wprogramowało nasze umysły. Często negatywne programowanie było przekazywane nam podczas naszego dorastania. Jeśli widzieliśmy biedę i nieszczęście i wybraliśmy skupienie się tylko na tym, to właśnie to przyciągnęliśmy. Jeśli wychowywaliśmy się wśród przemocy lub w biedzie, to dziewięciokrotnie na dziesięć skończymy w biedzie lub otoczeni przemocą. To, na co zwracasz uwagę, staje się twoim życiem. Dlatego niektórzy beneficjenci pomocy społecznej są beneficjentami czwartego pokolenia pomocy społecznej.

Jednak jeśli zrozumiesz, że jesteś twórcą i istotą kreatywną, to możesz nauczyć się myśleć z przekonaniem, że niczego Ci nie brakuje. Jeśli jesteś w złym otoczeniu i często myślisz o tym, jak jesteś spłukany lub jak nieszczęśliwy jesteś z niewłaściwymi ludźmi w twoim życiu, przestań myśleć o tych rzeczach! Zamiast tego wyjdz tego kręgu. Czas zostawić tych ludzi za sobą i znaleźć kogoś, kto będzie miała pozytywny wpływ na twoje życie. Musisz otaczać się ludźmi, którzy wierzą w twoje cele i biorą udział w twoim życiu, ludźmi gotowymi iść z tobą na wyższy lepszy poziom.

Jeśli ktoś w twoim życiu mówi ci, że jesteś beznadziejny, że nie sprawiasz im szczęścia, że twoje pomysły są do niczego, i to dlatego jesteś spłukany, to samo działanie odcięcia się od tych osób z twojego życia musi być tym, co musisz zrobić, aby osiągnąć wyższy poziom.

Dokonaj tego odcięcia.

Musimy wybierać naszą prawdę, mając wyznaczony główny cel życiowy związany z naszymi pragnieniami. Wszechświat lubi precyzję. Musimy zmienić obraz i widzieć siebie jako szczęśliwych, zdrowych i bogatych, aby stworzyć tą zmianę.

Chociaż może być frustrujące, że ludzie nie zawsze są obok ciebie, gdy wsiadasz na pokład profit express, nie obwiniaj nikogo innego. Wiele osób po prostu nie zdaje sobie sprawy, jak ten proces działa. Nie zbyt wielu przyjaciół pozostało przy mnie, gdy przechodziłem proces uczynienia moich marzeń rzeczywistością. Przerosłem wszystkich wokół siebie. Miałem dość powtarzania tych samych rzeczy, chodzenia do klubów w poszukiwaniu radości i emocji. Po prostu to już nie było dla mnie.

Opuść przeszłość i zacznij nowy dzień, a przede wszystkim zacznij go od planu.

Rzeczywiście trudno nam pozbyć się nagromadzonego bólu związanej z negatywnymi sytuacjami w życiu, pozbyć się bolesnych wspomnień, które trzymamy jak święte. Wykorzystaj tę walkę, aby poprawić swoje życie, sięgnij po tą obfitość.

Zadaj sobie pytanie, czego naprawdę chcesz, i dlaczego powstrzymujesz się przed podjęciem działań w tym kierunku? Nie martw się tym, jak to, czego pragniesz, się stanie.

Korzystając z własnej siły woli, po prostu utrzymuj obraz w swoim umyśle i wiedz, że jesteś milionerem. Mów sobie: „Jestem wstanie to zrobić!"

Pamiętam, że słuchałem historii o Andrew Carnegie'u, który był wart miliardy dolarów i który kiedyś był najbogatszym człowiekiem na świecie. Poświęcił ostatnie lata swojego życia na rozdawanie swojego majątku, starannie dbając o to, aby jego pieniądze trafiały do odpowiednich organizacji charytatywnych, aby ludzie nie używali jego bogactwa w niewłaściwy sposób.

Jeśli pomagasz sobie, pomagaj innym ludziom tak bardzo, jak tylko możesz. Nie musisz być najbogatszą osobą na świecie, aby coś z siebie dać. W niektórych przypadkach możesz przekazać darowizny organizacjom charytatywnym, ale pomoc nie zawsze musi dotyczyć pieniędzy. Możesz także wolontariuszować na zbiórkach żywności lub pracować w Armii Zbawienia.

Pomaganie ludziom - podejmowanie działań na rzecz świata i naszej planety - motywuje cię do osiągnięcia sukcesu i sprawia, że czujesz się dobrze. Gdyby zaledwie 1% najbogatszych 1% przekazało większość swoich pieniędzy, nie byłoby biedy.

Najważniejsze jest jednak to, że dzielenie się pomaga uwolnić się od negatywnych nastrojów. To twoja rola, aby przejąć kontrolę nad swoim umysłem. Pomagając komuś, gdy masz negatywne myśli, poczujesz się lepiej.

Wyślij miłość trzem osobom, które cię zasmuciły. Lub wyślij miłość ludziom, którzy potrzebują miłości, takim jak bezdomny, ponieważ nie wiesz, przez co przechodzą.

Nie wiesz, czy stracili swój dom, czy przechodzili przez rozwód, czy doświadczyli przemocy. Gdy wysyłasz miłość do tych ludzi, a oni nie wiedzą, kim jesteś, widzisz błysk w ich oku; osoba, którą pomagasz, odzyskuje życie. To jakbyś dawał tej osobie część siebie, i gdy to zrobisz, oni przekształcają siebie.

Korzystanie z tej informacji może zmienić twoje życie, ale także życie wielu innych.

Prawdopodobnie, gdy byłeś młodszy, miałeś błysk w oczach. Czułeś, że możesz wyjść i podbić świat. Potem, gdy dostałeś swoją pierwszą pracę i myślałeś, że możesz zastosować swoje umiejętności, ludzie mówili ci, że to nie wystarczy, i wewnętrznie to przyswoiłeś. Przeszło to do twojego podświadomego umysłu i sprawiło, że myślałeś, że nie jesteś wystarczająco dobry.

I zgadnij co? Jeśli spędzisz życie naprawdę myśląc, że nie jesteś wystarczająco dobry z powodu tego, co przyswoiłeś, tak jak ja kiedyś, to okaże się, że nie jesteś wystarczająco dobry. Przyjaciel powiedział mi, że muszę odejść z branży hipotecznej, bo marnuję swój czas, i dlatego poszedłem na studia, aby zdobyć stopień z finansów i zarządzania inwestycjami. Ale e rzeczywistości, to Co miałem zrobić to przestawić przełącznik. Nie marnowałem czasu, i ty też nie.

To samo dotyczy kogoś, kto jest tam na ulicach i potrzebuje inspiracji. Kiedyś miał ten błysk w oczach, ale zgadnij co? Zniknęło, ponieważ gdy wchodził do prawdziwego świata, dostał cios. Dostał cios w swoim umyśle i duszy. Z tego powodu stracił zmysły i stracił wszystko wokół siebie. Dlatego, gdy robisz rzeczy rozważne i pomocne dla innych ludzi, zwłaszcza gdy pochodzisz z wysokiej pozycji jak Bill Gates czy Andrew Carnegie, ta osoba będzie pamiętać ten dzień przez resztę swojego życia.

Pomaganie ludziom i podejmowanie działań by usprawnić świat ma znaczenie, ponieważ gdy dajesz, otrzymujesz, czy to od osoby, której pomogłeś, czy od zupełnie innej osoby.

Rozdział 7

JAK PRZESKOCZYĆ DO
MILIONÓW

Tworzenie zmiany nie jest trudne. Gdy tylko otworzysz umysł, kształtując swoje myśli - tak, jak to zrobiliśmy z moją siostrą - zmiana już się zaczęła. Dla wielu ludzi pewne okoliczności pomagają w tej zmianie. Dla mnie jazda samochodem jest czymś, co pomaga mojemu umysłowi otworzyć się łatwiej. Thomas Edison kiedyś drzemał. Otwierał swoje myśli, pozwalał na przemyślenie pomysłu w swoim umyśle. Dla Ciebie może to być coś innego. Spróbuj pójść do parku, aby pomyśleć. Jedz na dłuższą przejażdżkę i pomyśl. Pozwól swoim pomysłom przyjść do Ciebie i pracuj z nimi w harmonii.

Możesz kształtować swoje myśli poprzez obrazy, które tworzysz w swoim umyśle. James Allen kiedyś powiedział:

Umysł to Mistrzowska potęga, która formuje i tworzy,

A Człowiek to Umysł, i cokolwiek on bierze

Narzędzie Myśli, które kształtuje to co chce,

Przynosi tysiąc radości, tysiąc chorób,

On myśli w sekrecie, a to co myśli się spełnia

Środowisko jest jego zwierciadłem, odbiciem

O czym myślisz?

Przeanalizuj swoje myśli i zastanów się, czy to, o czym ty myślisz, doprowadzi cię do osiągnięcia twojego celu. Czy myślisz tak, aby znaleźć się na szczycie Profit Express, w drodze do swojego pierwszego miliona? Jeśli masz dość bycia spłukanym, pomyśl odwrotnie. Pomyśl tak, jakbyś już był milionerem.

Moje myślenie nadal się transformowało w miarę dążenia do moich celów. Wydarzenie w Nowym Jorku, zorganizowane przez Boba Proctora, odegrało kluczową rolę w moim rozwoju. Kiedy zarejestrowałem się na to wydarzenie, nie przypuszczałem, jak ogromny wpływ miało wysłuchiwanie mojego mentora na moje życie, ani tego, że dołączę do jego firmy jako konsultant.

Zacząłem słuchać Boba Proctora w 2012 roku, gdy dowiedziałem się, że był przeszkolony przez Earla Nightingale'a w Chicago, a Earl Nightingale był przeszkolony przez Napoleona Hilla. Nauczanie Boba Proctora było zgodne z zasadami sukcesu, które studiowałem, a jego spojrzenia głęboko wpłynęły na moje myśli i działania.

Bob przeszedł przez tę samą sytuację, co ja. Kiedy pracował w straży pożarnej, był bankrutem, nieszczęśliwy i chory. Zdecydował się otworzyć firmę sprzątającą i zarobił miliony dolarów.

Pewnego dnia, słuchając jednego z jego filmów wideo, zobaczyłem reklamę na Facebooku. Mówiło o tym, że Bob organizuje wydarzenie, a jego firma zatrudnia. Zdecydowałem się dołączyć do jego firmy, ponieważ to, czego nauczyłem się od Boba, zmieniło moje życie, i pomyślałem, że może pomogę zmienić życie innych w podobny sposób. W październiku 2016 roku dostałem telefon od jego biura. Zapytali: „Czy chciałbyś być konsultantem?" Powiedziałem im, że nie muszą mnie przekonywać do tego stanowiska, ponieważ jestem już produktem tego, czego on uczy.

Miesiąc później Bob organizował wydarzenie w Nowym Jorku, więc poleciałem tam, aby się z nim osobiście spotkać. W Carnegie Hall wysłuchałem jego przemówienia o tym, jak Napoleon Hill poznał Andrew Carnegie. Carnegie zapytał Hilla, czy byłby zainteresowany pisaniem przez dwadzieścia lat bez wynagrodzenia na temat Praw Sukcesu, aby pomóc współczesnemu człowiekowi. Nawet jeśli Napoleon Hill bał się pomysłu pracy przez dwadzieścia lat bez wynagrodzenia, najbogatsza osoba na świecie wtedy pytała go, czy byłby zainteresowany.

Odpowiedział: „Tak, panie Carnegie, tak, proszę Pana, może Pan na mnie polegać. Osiągnę to".

Oczywiście Napoleon Hill nie miał pojęcia, że sprzeda miliony książek i rozpocznie branżę rozwoju osobistego. Otworzył zupełnie nową branżę, w której ludzie mogą pomagać innym ludziom odkrywać ich prawdziwy potencjał.

Podczas tego wydarzenia podeszłem osobiście do Boba Proctora.

Podszedłem do niego i powiedziałem prosto: „Cześć, Bob. Teraz pracuję w twojej firmie i chciałem ci powiedzieć, że przyciągnąłem do swojego życia 1,75 miliona dolarów dzięki tym informacjom."

On odpowiedział: „Świetnie, udało ci się!"

Udział w tym wydarzeniu był dla mnie spełnieniem marzeń, ponieważ kiedy nauczyłem się opanowywać swoje myśli, nieustannie poszukiwałem nowych informacji. Jestem studentem od tamtego czasu. Nigdy nie przestaję się uczyć; powtarzanie informacji jest kluczem. Buduj swoją pewność siebie, kształtuj swój charakter i pozwól swoim myślom rosnąć, tak samo jak ty rośniesz i się rozwijasz.

Mieć mentora to jest niezwykle ważne, ponieważ będą oni sprawować nad tobą pieczę i odpowiedzialność za to, czego pragniesz. Czasami podążanie za radą mentora może wydawać się albo zbyt trudne, albo zbyt łatwe, ponieważ wymaga czytania, używania wyobraźni, woli, pamięci, intuicji, rozumowania i percepcji. Ludzie oddalają się od swoich celów i rezygnują, ponieważ nie widzą przed sobą linii mety. Ludzie chcą móc dotykać, wąchać i widzieć to, do czego dążą, ale gdy dążysz do celu, pracujesz z nie-widzialnym. W im więcej seminariach uczestniczysz jako aktywny uczestnik i im bardziej akceptujesz pomoc men-torów, tym bardziej twój świat zacznie się zmieniać.

Jesteś sumą swoich myśli.

Dlatego ważne jest, aby analizować swoje myśli przez cały dzień. Spróbuj tego: zapisz wszystkie swoje negatywne myśli i dosłownie spal je. Poprzez spalenie papieru symbol-izujesz pozbywanie się wszelkich negatywności. Następnie zapisz wszystkie swoje pozytywne myśli i przeczytaj je wielokrotnie w ciągu dnia.

Podświadomy umysł to Uniwersalny Umysł. Wszystko, co nam się przydarzyło, gotuje się w podświadomym umyśle, więc musimy stale przypominać naszemu podświadomemu umysłowi, czego pragniemy.

W uproszczeniu mówiąc, musimy złapać byka za rogi!

Pracuj od wewnątrz, aż osiągniesz swoje pragnienia, nie tylko w swoim umyśle, ale także fizycznie. Może to wydawać się całkowicie nielogiczne.

Rozumiem, że możesz myśleć, że niektóre z tych pomysłów nie mają sensu. Jak można podnieść swoje dochody do 300 dolarów na godzinę? To całkowicie nielogiczne! To nie ma sensu. A jednak to nauczył mnie Bob Proctor, a teraz to ja uczę innych, jak to zrobić.

Nikt nie sądził, że Henry Ford może zbudować silnik V8. Inżynierowie mówili, że powinien trzymać się Modelu T i że nie są w stanie zbudować silnika V8. Ale Ford powiedział im, że mogą wspólnie nad tym popracować. Zajęło to trochę czasu, ale ostatecznie osiągnęli swój cel i stworzyli silnik V8.

Ty możesz osiągnąć swoje cele, bez względu na to, jak nielogiczne mogą one się wydawać.

Rozdział 8

JAK ZAGRAĆ GWIAZDĘ

Wyobraź sobie, że jesteś w filmie. Jaką postać chciałbyś zagrać? O czym jest twój film? W moim filmie ja jestem główną postacią. Gram rolę udanego przedsiębiorcy z piękną żoną, ładnym domem i szybkim samochodem. Mam odrzutowiec i spory jacht. Wiele nieruchomości? Pewnie, dlaczego nie? Mam to wszystko. A co najważniejsze, żyję z uśmiechem na twarzy. W weekendy zajmuję się działalnością charytatywną i wspieram moją społeczność.

Co byś zrobił, gdybyś miał wszystko? Gdzie byś mieszkał? Jaki dom byś miał? Masz zwierzęta domowe? Jesteś żonaty? Dom na wakacje? Pomagasz ludziom? Bardzo ważne jest, aby zadać sobie te pytania i szczerym odpowiedziom, bez względu na to, jak nieprawdopodobne mogą się wydawać. Jeśli jesteś daleko od obrazu, do którego zmierzasz, to w porządku! Skup się na obrazie; skup się na obrazie w swoim umyśle.

Geneviève Behrend mówi: „Mój umysł jest centrum boskiej mocy".

Skup się na swoim wewnętrznym aspekcie, pracuj harmonijnie i nie forsuj sytuacji. Bądź cierpliwy, ale konsekwentny. Stań się Batmanem i ocal swoje własne życie! Przejmij główną rolę i stań się gwiazdą, na jaką się urodziłeś. Nie pozwól swoim lękom cofnąć cię do biedy i smutku.

Pamiętaj, że to, czego dążysz, już jest twoje.

Lonesome Dove, członek rodziny byłej mojej byłej dziewczyny, był mistrzem w graniu gwiazdy. Kiedy go poznałem, wydawał się mieć lat sześćdziesiąt z głową pełną białych włosów.

Później dowiedziałem się, że imię „Lonesome Dove" zostało zaadaptowane z miniserialu telewizyjnego. Byłem ciekaw, dlaczego zmienił swoje imię na postać z programu telewizyjnego i jak doszedł do tego, że został pasowany na rycerza przez królową Anglii. Powiedział mi również, że napisał kilka książek i sam stał się członkiem królewskiej rodziny. Był bardzo interesującą postacią.

Po wysłuchaniu jego historii zacząłem nazywać go Księciem Lonesome.

Wiedziałem, że kłamie, ponieważ nie było możliwe, że mężczyzna stojący przede mną walczył w wojnie w

Wietnamie, ratował tysiące żołnierzy i został księciem w Anglii.

Brzmi to zabawnie, ale dosłownie on realizował swój film. Ja myślałem, że on był szalony.

Może w jego świecie - świecie, który stworzył w swoim umyśle - naprawdę został uhonorowany przez Królową Anglii i pasowany na rycerza. Ale w moim mniemaniu, był po prostu sześćdziesięcioletnim facetem plecącym brednie. Przetestowałem jego wyobraźnię. Chciałem poznać wszystkie szczegóły. Zapytałem go, jak uratował żołnierzy w Wietnamie. Powiedział, że nie miał wystarczająco dużo czasu, aby uratować wszystkich, ponieważ bali się wroga, a bomba wybuchła. Przypomniało mi to o filmie Forrest Gump. Powiedział, że zrobił, co mógł, i że miał około godziny na ratowanie ludzi. Nawet opowiedział szczegóły tego, jak mu później dziękowano.

Następnie opowiedział mi, jak Królowa Elżbieta przywitała go, gdy wszedł do Zamku Windsor. Zapytałem go, w co była ubrana tego dnia, a on powiedział, że miała na sobie czarny smoking z muchą. Gdy zapytałem go, czy zatrzymał się w Pałacu Buckingham, powiedział, że tak. Powiedział, że Królowa Elżbieta była bardzo przyjacielska i on przytoczył wiele z ich rozmów. Ten facet miał wszystko. Nie mogłem znaleźć żadnych wad w jego opowieści.

Gdy rozmawiasz o sukcesie i wizualizujesz, że już osiągnąłeś swój cel, upewnij się, że znasz wszystkie szczegóły. Wyobraź sobie życie, o którym marzysz, tak szczegółowo, jak to zrobił Lonesome Dove, i nie martw się, jeśli ludzie uważają cię za szalonego.

Coś podobnego przydarzylo się innemu człowiekowi, ale z zupełnie innymi rezultatami. Ten młody człowiek, Jim, dorastał

Historia Jima była bardzo podobna do mojej. Urodził się w Kanadzie, w przedmieściach na północ od Toronto, i jego życie nie było łatwe. Pieniądze na jedzenie pochodziły z ciężkiej pracy. Ale Jim miał marzenie. Chciał zostać komikiem stand-upowym. Jego ojciec pomagał mu, wożąc go w miejsca, gdzie mógł występować, co robił za darmo. Nawet jeśli nie odniósł sukcesu, Jim się nie poddał. Zamiast tego postanowił przeprowadzić się sam do Los Angeles.

Jim znalazł kilka prac, ale nie były to prace komediowe. Zarabiał pieniądze pracując za minimalne wynagrodzenie. Ale jednocześnie uczył się praw, o których tobie opowiadam. W swoim umyśle widział siebie jako udanego aktora. Wyobrażał sobie, że sławni ludzie mówią mu, że podoba im się jego praca. Wyobrażał sobie swoje życie jako życie sławy, sukcesu i bogactwa. Wieczorami czasami jeździł na punkt widokowy na Mulholland Drive, skąd mógł obejrzeć miasto. Tam pozwalał swojej wyobraźni płynąć swobodnie. W tych nocach osiągnął poziom sławy i zgromadzonego bogactwa, chociaż tylko w swoim umyśle. Nawet napisał sobie czek na kartce papieru, na którym było napisane „10 milionów dolarów za usługi aktorskie", datowane na 25 listopada 1995 roku. Pięć lat temu. Nikt w świecie aktorstwa nigdy nie zarobił 10 milionów dolarów za film. Pracował ciężko, szukając pracy aktorskiej, ale nie zarabiał dużo pieniędzy. Po pięciu latach w końcu dostał przesłuchanie do roli w filmie. Był to jesień 1995 roku. Czekał z niecierpliwością, aby zobaczyć, czy dostał rolę. Po kilku tygodniach dostał wieści. Został przyjęty! Oferta wynosiła - zgadnij - 10 milionów dolarów, a data była listopad 25, 1995. Jim osiągnął swoją wizję. Kilka filmów później, zaczął być nazywany „człowiekiem wartym dwadzieścia milionów dolarów" ze względu na swoje zarobki w kilku filmach, które zarobiły ponad miliard dolarów. Jim Carrey spełnił swoje marzenie.

Gdyby ludzie znali Jima, gdy był młody, mogliby też nazwać go szalonym, ale zrobił więcej niż tylko wyobraził sobie swoje idealne życie. Pracował ciężko z tym, co miał, miał oczy otwarte na możliwości i szybko się poruszał, gdy je dostrzegał. Najważniejsze było to, że nigdy nie stracił wizji tego, kim chciał się stać.

Rozdział 9

CO DALEJ? ŻYĆ SZCZĘŚLIWYM ŻYCIEM

Niektórzy ludzie chcą się rozwijać, podczas gdy inni potrzebują kompletnych zmian od środka na zewnątrz. Bez względu na to, gdzie jesteś z twoimi dochodami i celami, nadal musisz podbić siebie samego. My mamy wiele problemów z naszym wizerunkiem ze względu na dialog wewnętrzny i to, co uważamy, że inni myślą o nas, ale nie przejmuj się innymi ani swoim dialogiem wewnętrznym.

Twoim celem jest zbliżenie twojego planu, twojego celu i twojego pragnienia do siebie.

Czasami ważne jest, aby wiedzieć, że ludzie nie zawsze będą wierzyć w to, w co ty wierzysz. Kiedy mówią ci, że nie możesz osiągnąć swojego pragnienia, jest to po prostu odzwierciedlenie tego, jak oni czują się wobec siebie. Zrozum, że ich podświadomość nie jest tam, gdzie ty potrzebujesz, aby była twoja. Ostatecznie oni zobaczą, jak żyjesz życiem swojego marzenia i będą kwestionować to ze względu na to, co twoje osiągnięcia mówią o ich własnym życiu

Zrozum, co naprawdę sprawia ci radość, i gdy kontynuujesz skoncentrowany wysiłek, aby spełnić swoje cele, skup się na tych rzeczach, które pomogą ci zachować motywację.

Czy zastanawiałeś się nad tym, co naprawdę sprawia ci szczęście?

Skup się na rzeczach, które czynią cię lepszym, zarówno fizycznie, jak i mentalnie. Przeczytaj dobrą książkę, zagraj w jakieś sporty lub zaangażuj się w jakąś aktywność.

Ja lubię dziękować za rzeczy, które mam. Dziękuję Bogu za wszystko co jest pozytywne w moim życiu, i odkryłem, że duch wdzięczności pomaga poczuć wewnętrzny spokój.

Podoba mi się to, co powiedział Napoleon Hill o proszeniu o mądrość: „O Boża Opatrzność, nie proszę o więcej bogactw, ale o więcej mądrości, aby mądrzej wykorzystać bogactwa, które dałeś mi przy narodzeniu, polegające na sile kontrolowania i kierowania własnym umysłem do jakichkolwiek celów, jakich bym sobie życzył."

Dziękuj za małe rzeczy, i za ludzi, którzy pomogą ci wsiąść na Profit Express i zmierzać w kierunku swojego celu, jakimkolwiek by on nie był. Chcę ci przypomnieć, że Bóg jest w tobie. Bóg jest twórczy i inteligentny, a jeśli próbujesz tworzyć swoje królestwo, Bóg chce, abyś odniósł sukces.

Milion dolarów to tylko kropla w morzu twojego prawdziwego potencjału. Bóg w tobie pragnie tworzyć. Jeśli nie idziesz naprzód, idziesz do tyłu. Nie pozwól, aby zewnętrzne okoliczności kontrolowały sposób, w jaki myślisz. Aby myśleć z mentalnością osiągania swoich celów, musisz myśleć z prawdą w umyśle.

Co to jest prawda? Cóż, prawdą jest, że jesteś tym, za kogo się uważasz, i tylko ty znasz prawdę. W filmie „Matrix", Morfeusz mówi Neo o narodzeniu się w więzieniu umysłu. Czy jesteś w więzieniu w swoim umyśle? Szukasz aby się obudzić?

„Obudzić się do czego?" możesz zapytać. Możesz obudzić się do wszystkiego, czego tylko pragniesz. Zdobądź kontrolę nad swoim umysłem.

Stwórz życie, do którego jesteś przeznaczony!

Życie, którego szukasz, również szuka ciebie.

Gdy jesteś na Profit Express, droga do sukcesu nigdy sie nie skończy.

PODSUMOWANIE

Chodziłem do szkoły, zdobyłem stopień naukowy, a mimo to byłem spłukany. Powtarzano mi wiele razy, że nie osiągnę sukcesu, dlatego stworzyłem własną pracę, zarabiając miliony dolarów podczas tego procesu. Jeśli ja mogłem to zrobić, to ty też możesz.

Przez całą tę książkę przedstawiłem wszystkie kroki, które podjąłem, aby osiągnąć moje cele finansowe. Oto podsumowanie:

- Krok pierwszy: Określ, jaki cel finansowy dążysz do osiągnięcia i zapisz go.

- Krok drugi: Stwórz plan działania. Jak zamierzasz osiągnąć ten cel? Jakie umiejętności i pragnienia możesz wykorzystać?

- Krok trzeci: W planie działania oblicz, jak twoje cechy i umiejętności przyczynią się do osiągnięcia twojego ogólnego celu finansowego. Jeśli na przykład rozważasz sprzedaż skarpetek, ile par skarpet musisz sprzedać, aby zarobić 30 milionów dolarów? W moim przypadku, gdy założyłem Klinikę Modyfikacji Kredytów, moim celem było osiągnięcie 1,75 miliona dolarów. Podzieliłem 4500 przez 1,75 miliona, co oznaczało, że musiałbym obsłużyć 389 spraw po 4500 dolarów każda, aby osiągnąć mój cel w wysokości 1,75 miliona dolarów. Oczywiście, obliczyłem również koszty.

- Krok czwarty: Z tym planem podejmij masowe działania. Powtarzaj swoje cele codziennie, gdy zbliżasz się do celu. Wkrótce twój świat zewnętrzny zmieni się razem z twoim dochodem. Najlepiej jest zdywersyfikować swoje źródła dochodów i budować wiele źródeł dochodów.

- Krok piąty: Powtarzaj swoje cele i wyrażaj wdzięczność codziennie. Nawet po osiągnięciu celów upewniałem się, że codziennie powtarzam: „Jestem tak szczęśliwy i wdzięczny, że pieniądze przychodzą do mnie w rosnących ilościach z różnych źródeł w ciągły sposób.»

Powinieneś teraz poświęcić czas na spisanie rzeczy, za które jesteś szczęśliwy i wdzięczny. Oto przykład, jak mógłbyś to napisać: Ja jestem taki szczęśliwy i wdzięczny teraz, że moja linia odzieżowa przynosi 3,5 miliona dolarów rocznie po odliczeniu wszystkich moich wydatków.

Teraz spróbuj tego:

Jestem tak szczęśliwy i wdzięczny teraz, że moja

_____ _____

_____ *przynosi* _____ *rocznie po*
odliczeniu wszystkich moich wydatków.

Podpis: _____

Data: _____

Upewnij się, że to podpiszesz i podasz datę, i powtarzaj to tak często, jak to możliwe żeby stworzyć swoją nową rzeczywistość.

Kiedy czytasz z powrotem to, co napisałeś, twoje mózg stworzy obraz w twoim umyśle, który pomoże Ci zbliżyć się do swojego celu.

Napoleon Hill kiedyś powiedział, że jeśli napiszesz słowa „bogactwo" lub „obfitość" na kartce papieru i włożysz ją do swojego portfela, za każdym razem gdy zobaczysz te słowa w swoim portfelu, zwiąż się z nimi. Twoja wyobraźnia zareaguje na sygnały bogactwa i obfitości, a one zostaną dostarczone do Ciebie zgodnie z planem.

Czasami nie dostajemy tego, czego chcemy. Zamiast tego dostajemy to, czego się boimy. Dostajemy to, czego się obawiamy, gdy nie przejmujemy kontroli nad naszym umysłem i nie zmieniamy negatywnego na pozytywne. Na przykład gdy ludzie mówią: „Chcę samochód… ale nie stać mnie na niego". No cóż, zgadnij co? Nie stać cię na to, i ten samochód nie będzie twój. Ale jeśli powiesz: „Chcę tego samochodu; jest on mój», a potem napiszesz plan działania, aby zdobyć ten samochód, będziesz za kierownicą tego samochodu zanim się obejrzysz. Wszechświat lubi, gdy jesteś precyzyjny, pozytywny i rosnący.

Jak mówi Bob Proctor, jeśli chcesz pozostać w biedzie, to kontynuuj ją. Ona zostanie dostarczona do Ciebie zgodnie z planem. Ale jeśli pragniesz obfitości bogactwa, skoncentruj się na tym zamiast tego. Jeśli to zrobisz, to właśnie obfitość zostanie dostarczona do Ciebie zgodnie z planem.

Jak? Nie pytaj Boga ani o to, jak zamierza to zrobić, co musi zrobić. Ta możliwość sama się pojawi, a ty będziesz wiedział, kiedy to się stanie, ale nie kwestionuj tego. To część procesu wzrastania.

Ross Garcia i Bob Proctor Toronto 2017

O AUTORZE

Ross Garcia to żywy dowód na to, że Prawo Przyciągania działa.

Jako chłopiec, Ross przeniósł się z Houston w Teksasie do Chicago. Jego ojciec był ciężko pracującym budowlańcem, który ledwo wystarczająco zarabiał, aby wyżywić rodzinę, składającą się z jego żony, Rossa i dwójki innych dzieci.

Jako przeciętne amerykańskie dziecko, Ross, interesował się sztukami walki, jazdą na deskorolce i kolekcjonowaniem kart sportowych. Często bawił się na ulicach w pobliżu swojego domu lub w lokalnym parku, gdzie on i jego przyjaciele mogli dostać darmowy lunch.

Gdy skończył piętnaście lat, zaczęły zachodzić zmiany, oparte na decyzjach, jakie podejmował Ross. Zaczął spędzać czas z niewłaściwymi ludźmi. Jego ojciec podjął trudną decyzję o odesłaniu go z powrotem do Houston, aby mieszkał u wuja. To były początki przemocy gangowej.

Po roku Ross wrócił do Chicago, gdzie ukończył szkołę średnią. Znalazł pracę w fast foodzie, przeniósł się do sprzedaży narzędzi w detalu, a ostatecznie do sprzedaży telefonów komórkowych. Drzwi się otwierały, ale Ross czuł, że jego życie ma większy sens niż ciężka praca. Szukał samego siebie.

Podczas oczekiwania na przystanku autobusowym, przyszedł mu do głowy pewien pomysł. Ross przypomniał sobie słowa rad, „Idź do szkoły. Zdobądź dyplom."

Ross chciał pójść na studia, ale spotkał się z porażką, gdy odkrył, że jego umiejętności matematyczne nie były wystarczające. Ciężko się uczył, aby się poprawić, i został przyjęty na studia, uzyskując dyplom z finansów.

Wtedy jego życie nagle skręciło w przeciwnym kierunku.

Kierując po pijanemu, Ross spowodował poważny wypadek samochodowy. Skazano go na cztery miesiące w obozie dyscyplinarnym, co zmieniło jego perspektywę. Tam to Ross zaczął czytać „Myśl i bogać się" Napoleona Hilla. Hill nauczył

o tym aby mieć palące pragnienie, cel i że pieniądze to tylko forma energii. Gdy jego cztery miesiące w obozie skończyły się, Ross szukał sposobu na zarabianie pieniędzy.

Jego przyjaciel opowiedział mu o swojej pracy w banku, pisząc hipoteki, i Ross wkrótce znalazł się w takiej samej sytuacji. Zarabiał pieniądze. Napoleon Hill mówił, żeby znaleźć coś, w czym jesteś dobry, i się w tym doskonalić. Ross był dobry w restrukturyzacji kredytów hipotecznych, i się doskonalił. Zarabiał więcej pieniędzy, pomagając ludziom zachować ich domy. Hill pisał o byciu po właściwej stronie. Ross był tam.

Ross codziennie studiował Napoleona Hilla, ucząc się o ważności spisywania celów. Ross zapisał swój cel: zarobić 1,75 miliona dolarów w ciągu pięciu lat. On nie miał pojęcia, jak to osiągnie. Ale zaczął myśleć.

W połowie tych pięciu lat Ross poznał Boba Proctora, który również studiował Napoleona Hilla. Bob zaproponował program szkolenia konsultanta, i Ross zapisał się. Wiedział, że mając Boba jako trenera, pomoże mu, ale także wiedział, że wszystkie odpowiedzi, których potrzebował, już były w nim. Droga od tego, gdzie jesteś, do tego, gdzie chcesz być, nigdy nie jest drogą, którą się spodziewasz.

Kiedy właśnie kończyły się te pięć lat, Ross zarobił 1,75 miliona dolarów. Jego cel został osiągnięty, tak jak powiedział to Napoleon Hill. Więc Ross postawił sobie nowy cel.

Chciał być bogaty. Nie tak bardzo po to, żeby być bogatym, ale wiedział, że jeśli byłby konsultantem mówiącym ludziom, jak odnieść sukces, musiałby być przykładem. Musiałby samemu osiągnąć sukces.

On mówił sobie o życiu, które będzie prowadził. «Jestem pisarzem. Wygłaszam wykłady. Nie martwię się o pieniądze, bo mam ich więcej niż wystarczająco. Pomagam ludziom robić to, co ja robię - odnosić sukces. Zarabiam 50 milionów dolarów w kryptowalutach!»

„Wszystko jest możliwe. Mam dom przy oceanie, a całe moje pieniądze pochodzą z zarobków w kryptowalutach." Jego działalność hipoteczna rozwijała się dobrze, więc postanowił zacząć inwestować w kryptowaluty. Wkrótce zaczął zarabiać więcej pieniędzy.

Czytanie stało się jedyną rzeczą, którą Ross robił coraz częściej. Miał palące pragnienie sukcesu i czytał teksty innych, którzy dokonali tego samego. Zaczął podróżować. Jego podróże zaprowadziły go do Szwajcarii, Wielkiej

Brytanii i Hiszpanii. Jego restrukturyzacja kredytów hipotecznych kwitła, a także jego inwestycje kryptowalutowe.

Kiedy minęło kolejne pięć lat, Ross przekroczył swój cel
50 milionów dolarów.

Ross posiada teraz paszport z Portugalii, ma dom przed
oceanem w Marbelli, drugi dom w Tulum, i często
podróżuje między Europą a Ameryką. Pisze, wygłasza
wykłady, doradza i prowadzi kilka firm, w tym Crypto-
LifeSchool.com i wealthmindsetgroup.com

Wszystko jest możliwe! Ross Garcia to dowód na to.

Dostępna książka teraz na Amazonie.

Aby uzyskać więcej informacji na temat
The Profit Express
Nadchodzących książek
lub Rossa Garcii,

Odwiedź:
www.RossGarciaAuthor.com

Więcej książek wkrótce...

NOTATKI,
WDZIĘCZNOŚĆ I CELE...

_____

_____

_____

_____

_____

_____

_____

_____

_____

_____

_____

_____

_____

_____

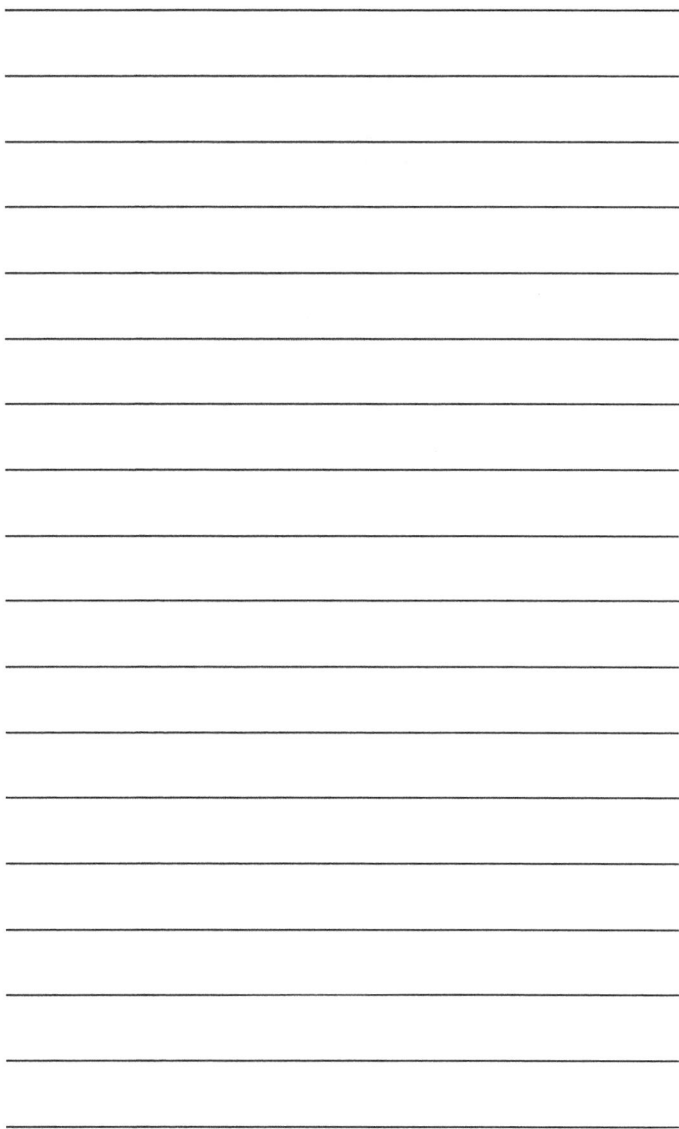

HEARTS to be HEARD

Giving a Voice to Creativity!

Z każdą donacją jeden twój głos będzie oddany na kreatywność, która leży sercach naszych dzieci, które borykają się z różnymi problemami.

Aby sprawić tą różnicę dla dzieci, które może nie miały dane takiej możliwości aby mieć ich Heart Heard (Serca wysłuchane) teraz dzieci będą miały możliwość stworzyć piękną pracę sztuki i ich muzycznych kreacji.

Weź udział w donacji poprzez wizytę na stronie: HeartstobeHeard.com
Bardzo Tobie Dziękujemy.